# About me ar

NAME:..................................................
ADDRESS:...........................................
..............................................................
PASSPORT:.........................................
INSURANCE:......................................
PHONE NR:........................................
EMAIL:................................................
..............................................................
EMERGENCY CONTACT:...................
..............................................................
..............................................................
BLOOD TYPE:....................................
OTHER:..............................................
..............................................................
..............................................................
..............................................................
..............................................................
..............................................................
..............................................................

# MY TRIP TO:

_____

_____

DATE:
BUDGET:

# Contacts in case of emergency:

## AT HOME:

..................................................................
..................................................................
..................................................................
..................................................................
..................................................................
..................................................................
..................................................................
..................................................................
..................................................................

## AT MY DESTINATION PLACE
## ( EMBASSY, MEDICAL CENTER etc.):

..................................................................
..................................................................
..................................................................
..................................................................
..................................................................
..................................................................
..................................................................
..................................................................
..................................................................

# To do:

## TO BUY BEFORE I GO:

..........................................................
..........................................................
..........................................................
..........................................................
..........................................................
..........................................................
..........................................................
..........................................................

## TO DO BEFORE I GO:

..........................................................
..........................................................
..........................................................
..........................................................
..........................................................
..........................................................
..........................................................
..........................................................

# *Packing checklist:*

- ❏ PASSPORT
- ❏ WALLET
- ❏ CREDIT CARDS
- ❏ CASH
- ❏ KEYS
- ❏ MEDICINES
- ❏ CHARGERS
- ❏ LAPTOP/TABLET
- ❏ CELL PHONE
- ❏ TICKETS
- ❏ CAMERA
- ❏ OTHER DOCUMENTS/RECIPES:..............
..................................................................
..................................................................
.........................................................
- ❏ OTHER..........................................................
..................................................................
..................................................................
..................................................................
..................................................................

## To do/check before leaving:

- [ ]
- [ ]
- [ ]
- [ ]
- [ ]
- [ ]
- [ ]
- [ ]
- [ ]

# *Info about the place I'm going to visit:*

ACCOMODATION:..............................
................................................................
................................................................
COSTS:.............................................
FOR KIDS:.......................................
................................................................
................................................................
DISCOUNTS (IF ANY):.......................
................................................................
OTHER ACCOMMODATIONS
(JUST IN CASE):..............................
................................................................
................................................................
................................................................
................................................................
................................................................
................................................................
................................................................
................................................................

# THINGS TO SEE:

- ☐ ..................................................................
- ☐ ..................................................................
- ☐ ..................................................................
- ☐ ..................................................................
- ☐ ..................................................................
- ☐ ..................................................................
- ☐ ..................................................................
- ☐ ..................................................................
- ☐ ..................................................................
- ☐ ..................................................................
- ☐ ..................................................................
- ☐ ..................................................................
- ☐ ..................................................................
- ☐ ..................................................................
- ☐ ..................................................................
- ☐ ..................................................................
- ☐ ..................................................................
- ☐ ..................................................................
- ☐ ..................................................................
- ☐ ..................................................................
- ☐ ..................................................................
- ☐ ..................................................................
- ☐ ..................................................................
- ☐ ..................................................................
- ☐ ..................................................................

# THINGS TO DO:

..................................................

..................................................

..................................................

..................................................

..................................................

..................................................

..................................................

..................................................

..................................................

..................................................

..................................................

..................................................

..................................................

..................................................

..................................................

..................................................

..................................................

..................................................

..................................................

..................................................

..................................................

..................................................

..................................................

..................................................

# THINGS TO DO:

# COST TRACKING:

..............................................
..............................................
..............................................
................................................................
................................................................
................................................................
................................................................
................................................................
................................................................
................................................................
................................................................
................................................................
................................................................
................................................................
................................................................
................................................................
................................................................
................................................................
................................................................
................................................................
................................................................
................................................................
................................................................

# COST TRACKING:

..................................................................
..................................................................
..................................................................
..................................................................
..................................................................
..................................................................
..................................................................
..................................................................
..................................................................
..................................................................
..................................................................
..................................................................
..................................................................
..................................................................
..................................................................
..................................................................
..................................................................
..................................................................
..................................................................
..................................................................

# COST TRACKING:

..............................................................
..............................................................
..............................................................
..............................................................
..............................................................
..............................................................
..............................................................
..............................................................
..............................................................
..............................................................
..............................................................
..............................................................
..............................................................
..............................................................
..............................................................
..............................................................
..............................................................
..............................................................
..............................................................
..............................................................
..............................................................
..............................................................
..............................................................
..............................................................
..............................................................

NOTES:

..............................................................
..............................................................
..............................................................
..............................................................
..............................................................
..............................................................
..............................................................
..............................................................
..............................................................
..............................................................
..............................................................
..............................................................
..............................................................
..............................................................
..............................................................
..............................................................
..............................................................
..............................................................
..............................................................
..............................................................
..............................................................
..............................................................

NOTES:
..................................................
..................................................
..................................................
..................................................
..................................................
..................................................
..................................................
..................................................
..................................................
..................................................
..................................................
..................................................
..................................................
..................................................
..................................................
..................................................
..................................................
..................................................
..................................................
..................................................
..................................................
..................................................
..................................................
..................................................

# NOTES:

..................................................
..................................................
..................................................
..................................................
..................................................
..................................................
..................................................
..................................................
..................................................
..................................................
..................................................
..................................................
..................................................
..................................................
..................................................
..................................................
..................................................
..................................................
..................................................
..................................................
..................................................
..................................................
..................................................
..................................................

# MY TRIP TO:

_____

## DATE:
## BUDGET:

# Contacts in case of emergency:

## AT HOME:

..................................................
..................................................
..................................................
..................................................
..................................................
..................................................
..................................................
..................................................

## AT MY DESTINATION PLACE ( EMBASSY, MEDICAL CENTER etc.):

..................................................
..................................................
..................................................
..................................................
..................................................
..................................................
..................................................
..................................................

# To do:

## TO BUY BEFORE I GO:

........................................................................
........................................................................
........................................................................
........................................................................
........................................................................
........................................................................
........................................................................
........................................................................
........................................................................

## TO DO BEFORE I GO:

........................................................................
........................................................................
........................................................................
........................................................................
........................................................................
........................................................................
........................................................................
........................................................................
........................................................................

# *Packing checklist:*

- ❏ PASSPORT
- ❏ WALLET
- ❏ CREDIT CARDS
- ❏ CASH
- ❏ KEYS
- ❏ MEDICINES
- ❏ CHARGERS
- ❏ LAPTOP/TABLET
- ❏ CELL PHONE
- ❏ TICKETS
- ❏ CAMERA
- ❏ OTHER DOCUMENTS/RECIPES:..............
..................................................................
..................................................................
..............................................
- ❏ OTHER.................................................
..................................................................
..................................................................
..................................................................
..................................................................

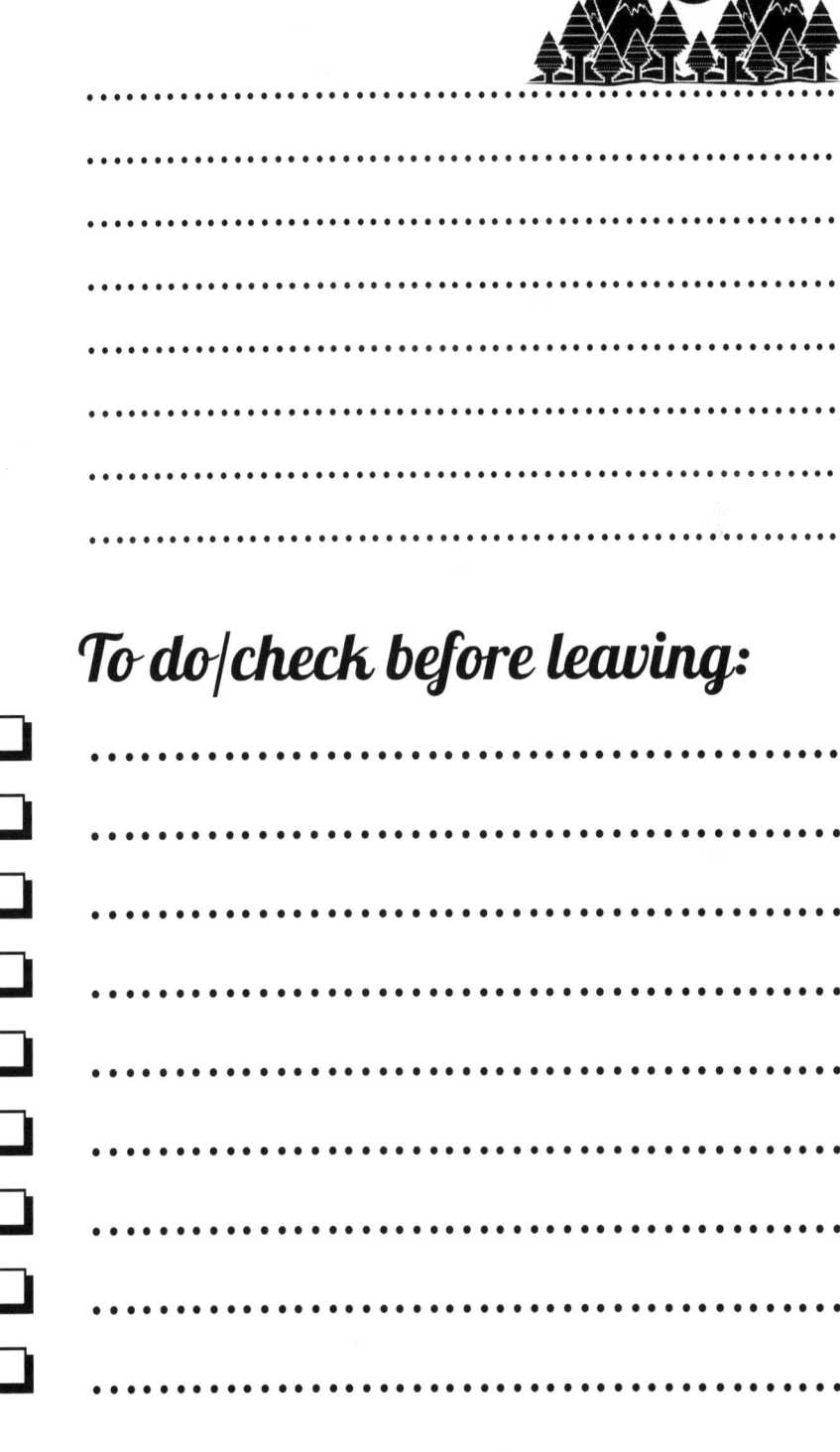

..............................................
..............................................
..............................................
..............................................
..............................................
..............................................
..............................................
..............................................

## *To do/check before leaving:*

❏ ..............................................
❏ ..............................................
❏ ..............................................
❏ ..............................................
❏ ..............................................
❏ ..............................................
❏ ..............................................
❏ ..............................................
❏ ..............................................
..............................................

# Info about the place I'm going to visit:

ACCOMODATION:..................................

..............................................................

..............................................................

COSTS:....................................................
FOR KIDS:..............................................

..............................................................

..............................................................

DISCOUNTS (IF ANY):..........................

..............................................................

OTHER ACCOMMODATIONS
(JUST IN CASE):....................................

..............................................................
..............................................................
..............................................................
..............................................................
..............................................................
..............................................................
..............................................................
..............................................................

# THINGS TO SEE:

- ☐ ..................................................
- ☐ ..................................................
- ☐ ..................................................
- ☐ ..................................................
- ☐ ..................................................
- ☐ ..................................................
- ☐ ..................................................
- ☐ ..................................................
- ☐ ..................................................
- ☐ ..................................................
- ☐ ..................................................
- ☐ ..................................................
- ☐ ..................................................
- ☐ ..................................................
- ☐ ..................................................
- ☐ ..................................................
- ☐ ..................................................
- ☐ ..................................................
- ☐ ..................................................
- ☐ ..................................................
- ☐ ..................................................
- ☐ ..................................................
- ☐ ..................................................

# THINGS TO DO:

..............................
..............................................
..............................................
..............................................
..............................................
..............................................
..............................................
..............................................
..............................................
..............................................
..............................................
..............................................
..............................................
..............................................
..............................................
..............................................
..............................................
..............................................
..............................................
..............................................
..............................................
..............................................

# THINGS TO DO:

..............................................................
..............................................................
..............................................................
..............................................................
..............................................................
..............................................................
..............................................................
..............................................................
..............................................................
..............................................................
..............................................................
..............................................................
..............................................................
..............................................................
..............................................................
..............................................................
..............................................................
..............................................................
..............................................................
..............................................................
..............................................................
..............................................................

# COST TRACKING:

..............................................
..............................................
..............................................
......................................................................
......................................................................
......................................................................
......................................................................
......................................................................
......................................................................
......................................................................
......................................................................
......................................................................
......................................................................
......................................................................
......................................................................
......................................................................
......................................................................
......................................................................
......................................................................
......................................................................
......................................................................

# COST TRACKING:

..................................................
..................................................
..................................................
..................................................
..................................................
..................................................
..................................................
..................................................
..................................................
..................................................
..................................................
..................................................
..................................................
..................................................
..................................................
..................................................
..................................................
..................................................
..................................................
..................................................
..................................................
..................................................
..................................................
..................................................
..................................................

# COST TRACKING:

..................................................
..................................................
..................................................
..................................................
..................................................
..................................................
..................................................
..................................................
..................................................
..................................................
..................................................
..................................................
..................................................
..................................................
..................................................
..................................................
..................................................
..................................................
..................................................
..................................................
..................................................

# NOTES:

# NOTES:

..................................................
..................................................
..................................................
..................................................
..................................................
..................................................
..................................................
..................................................
..................................................
..................................................
..................................................
..................................................
..................................................
..................................................
..................................................
..................................................
..................................................
..................................................
..................................................
..................................................
..................................................
..................................................
..................................................
..................................................

# NOTES:

..................................................
..................................................
..................................................
..................................................
..................................................
..................................................
..................................................
..................................................
..................................................
..................................................
..................................................
..................................................
..................................................
..................................................
..................................................
..................................................
..................................................
..................................................
..................................................
..................................................
..................................................
..................................................
..................................................

# MY TRIP TO:

DATE:
BUDGET:

# Contacts in case of emergency:

AT HOME:

............................................................
............................................................
............................................................
............................................................
............................................................
............................................................
............................................................
............................................................
............................................................

AT MY DESTINATION PLACE
( EMBASSY, MEDICAL CENTER etc.):

............................................................
............................................................
............................................................
............................................................
............................................................
............................................................
............................................................
............................................................
............................................................

# To do:

## TO BUY BEFORE I GO:

..................................................................
..................................................................
..................................................................
..................................................................
..................................................................
..................................................................
..................................................................
..................................................................

## TO DO BEFORE I GO:

..................................................................
..................................................................
..................................................................
..................................................................
..................................................................
..................................................................
..................................................................
..................................................................

# Packing checklist:

- ❏ PASSPORT
- ❏ WALLET
- ❏ CREDIT CARDS
- ❏ CASH
- ❏ KEYS
- ❏ MEDICINES
- ❏ CHARGERS
- ❏ LAPTOP/TABLET
- ❏ CELL PHONE
- ❏ TICKETS
- ❏ CAMERA
- ❏ OTHER DOCUMENTS/RECIPES:............
..................................................................
..................................................................
............................................................
- ❏ OTHER..........................................................
..................................................................
..................................................................
..................................................................
..................................................................

..................................................
..................................................
..................................................
..................................................
..................................................
..................................................
..................................................
..................................................

## To do/check before leaving:

❏ ..................................................
❏ ..................................................
❏ ..................................................
❏ ..................................................
❏ ..................................................
❏ ..................................................
❏ ..................................................
❏ ..................................................
❏ ..................................................
..................................................

# Info about the place I'm going to visit:

ACCOMODATION:........................................
..................................................................
..................................................................

COSTS:.............................................................
FOR KIDS:.......................................................
..................................................................
..................................................................

DISCOUNTS (IF ANY):..............................
..................................................................

OTHER ACCOMMODATIONS
(JUST IN CASE):...........................................
..................................................................
..................................................................
..................................................................
..................................................................
..................................................................
..................................................................
..................................................................
..................................................................

# THINGS TO SEE:

- ☐ ..................................................
- ☐ ..................................................
- ☐ ..................................................
- ☐ ..................................................
- ☐ ..................................................
- ☐ ..................................................
- ☐ ..................................................
- ☐ ..................................................
- ☐ ..................................................
- ☐ ..................................................
- ☐ ..................................................
- ☐ ..................................................
- ☐ ..................................................
- ☐ ..................................................
- ☐ ..................................................
- ☐ ..................................................
- ☐ ..................................................
- ☐ ..................................................
- ☐ ..................................................
- ☐ ..................................................
- ☐ ..................................................
- ☐ ..................................................

# THINGS TO DO:

..............................................
..............................................................
..............................................................
..............................................................
..............................................................
..............................................................
..............................................................
..............................................................
..............................................................
..............................................................
..............................................................
..............................................................
..............................................................
..............................................................
..............................................................
..............................................................
..............................................................
..............................................................
..............................................................
..............................................................
..............................................................
..............................................................
..............................................................

# THINGS TO DO:

..................................................................
..................................................................
..................................................................
..................................................................
..................................................................
..................................................................
..................................................................
..................................................................
..................................................................
..................................................................
..................................................................
..................................................................
..................................................................
..................................................................
..................................................................
..................................................................
..................................................................
..................................................................
..................................................................
..................................................................

# COST TRACKING:

..................................................
..................................................
..................................................................
..................................................................
..................................................................
..................................................................
..................................................................
..................................................................
..................................................................
..................................................................
..................................................................
..................................................................
..................................................................
..................................................................
..................................................................
..................................................................
..................................................................
..................................................................
..................................................................
..................................................................
..................................................................
..................................................................
..................................................................

# COST TRACKING:

..................................................................
..................................................................
..................................................................
..................................................................
..................................................................
..................................................................
..................................................................
..................................................................
..................................................................
..................................................................
..................................................................
..................................................................
..................................................................
..................................................................
..................................................................
..................................................................
..................................................................
..................................................................
..................................................................
..................................................................

# COST TRACKING:

..............................................................
..............................................................
..............................................................
..............................................................
..............................................................
..............................................................
..............................................................
..............................................................
..............................................................
..............................................................
..............................................................
..............................................................
..............................................................
..............................................................
..............................................................
..............................................................
..............................................................
..............................................................
..............................................................
..............................................................
..............................................................
..............................................................
..............................................................
..............................................................
..............................................................

# NOTES:

..................................................
..................................................
..................................................
..................................................
..................................................
..................................................
..................................................
..................................................
..................................................
..................................................
..................................................
..................................................
..................................................
..................................................
..................................................
..................................................
..................................................
..................................................
..................................................
..................................................
..................................................
..................................................

# NOTES:

..........................................................
..........................................................
..........................................................
..........................................................
..........................................................
..........................................................
..........................................................
..........................................................
..........................................................
..........................................................
..........................................................
..........................................................
..........................................................
..........................................................
..........................................................
..........................................................
..........................................................
..........................................................
..........................................................
..........................................................
..........................................................
..........................................................
..........................................................
..........................................................
..........................................................

# NOTES:

..................................................
..................................................
..................................................
..................................................
..................................................
..................................................
..................................................
..................................................
..................................................
..................................................
..................................................
..................................................
..................................................
..................................................
..................................................
..................................................
..................................................
..................................................
..................................................
..................................................
..................................................
..................................................

# MY TRIP TO:

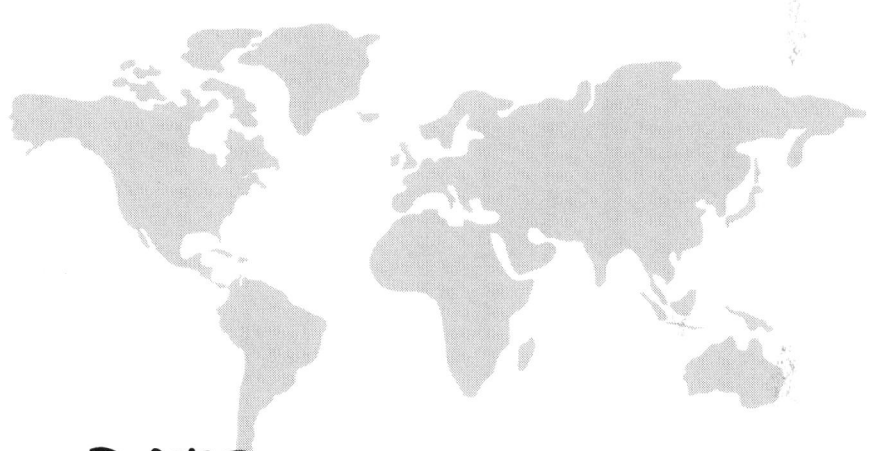

DATE:
BUDGET:

# Contacts in case of emergency:

AT HOME:

..................................................................
..................................................................
..................................................................
..................................................................
..................................................................
..................................................................
..................................................................
..................................................................

AT MY DESTINATION PLACE
( EMBASSY, MEDICAL CENTER etc.):

..................................................................
..................................................................
..................................................................
..................................................................
..................................................................
..................................................................
..................................................................
..................................................................

# To do:

## TO BUY BEFORE I GO:

..................................................................
..................................................................
..................................................................
..................................................................
..................................................................
..................................................................
..................................................................
..................................................................
..................................................................

## TO DO BEFORE I GO:

..................................................................
..................................................................
..................................................................
..................................................................
..................................................................
..................................................................
..................................................................
..................................................................
..................................................................

# *Packing checklist:*

- ❏ PASSPORT
- ❏ WALLET
- ❏ CREDIT CARDS
- ❏ CASH
- ❏ KEYS
- ❏ MEDICINES
- ❏ CHARGERS
- ❏ LAPTOP/TABLET
- ❏ CELL PHONE
- ❏ TICKETS
- ❏ CAMERA
- ❏ OTHER DOCUMENTS/RECIPES:.............
..............................................................
..............................................................
........................................................
- ❏ OTHER..........................................
..............................................................
..............................................................
..............................................................
..............................................................

## To do/check before leaving:

- ☐ ..........................................
- ☐ ..........................................
- ☐ ..........................................
- ☐ ..........................................
- ☐ ..........................................
- ☐ ..........................................
- ☐ ..........................................
- ☐ ..........................................
- ☐ ..........................................

# Info about the place I'm going to visit:

ACCOMODATION:..............................................
..................................................................................
..................................................................................
COSTS:............................................................
FOR KIDS:......................................................
..................................................................................
..................................................................................
DISCOUNTS (IF ANY):..............................
..................................................................................
OTHER ACCOMMODATIONS
(JUST IN CASE):...........................................
..................................................................................
..................................................................................
..................................................................................
..................................................................................
..................................................................................
..................................................................................
..................................................................................
..................................................................................

# THINGS TO SEE:

- ☐ ..........................................................
- ☐ ..........................................................
- ☐ ..........................................................
- ☐ ..........................................................
- ☐ ..........................................................
- ☐ ..........................................................
- ☐ ..........................................................
- ☐ ..........................................................
- ☐ ..........................................................
- ☐ ..........................................................
- ☐ ..........................................................
- ☐ ..........................................................
- ☐ ..........................................................
- ☐ ..........................................................
- ☐ ..........................................................
- ☐ ..........................................................
- ☐ ..........................................................
- ☐ ..........................................................
- ☐ ..........................................................
- ☐ ..........................................................
- ☐ ..........................................................
- ☐ ..........................................................
- ☐ ..........................................................
- ☐ ..........................................................

# THINGS TO DO:

# THINGS TO DO:

..............................................................
..............................................................
..............................................................
..............................................................
..............................................................
..............................................................
..............................................................
..............................................................
..............................................................
..............................................................
..............................................................
..............................................................
..............................................................
..............................................................
..............................................................
..............................................................
..............................................................
..............................................................
..............................................................
..............................................................
..............................................................
..............................................................
..............................................................

# COST TRACKING:

# COST TRACKING:

..............................................................
..............................................................
..............................................................
..............................................................
..............................................................
..............................................................
..............................................................
..............................................................
..............................................................
..............................................................
..............................................................
..............................................................
..............................................................
..............................................................
..............................................................
..............................................................
..............................................................
..............................................................
..............................................................
..............................................................
..............................................................
..............................................................
..............................................................
..............................................................
..............................................................

# COST TRACKING:

..................................................
..................................................
..................................................
..................................................
..................................................
..................................................
..................................................
..................................................
..................................................
..................................................
..................................................
..................................................
..................................................
..................................................
..................................................
..................................................
..................................................
..................................................
..................................................
..................................................
..................................................

# NOTES:

..................................................................
..................................................................
..................................................................
..................................................................
..................................................................
..................................................................
..................................................................
..................................................................
..................................................................
..................................................................
..................................................................
..................................................................
..................................................................
..................................................................
..................................................................
..................................................................
..................................................................
..................................................................
..................................................................
..................................................................
..................................................................
..................................................................
..................................................................
..................................................................

# NOTES:

..................................................
..................................................
..................................................
..................................................
..................................................
..................................................
..................................................
..................................................
..................................................
..................................................
..................................................
..................................................
..................................................
..................................................
..................................................
..................................................
..................................................
..................................................
..................................................
..................................................
..................................................
..................................................
..................................................
..................................................

# NOTES:

..............................................................
..............................................................
..............................................................
..............................................................
..............................................................
..............................................................
..............................................................
..............................................................
..............................................................
..............................................................
..............................................................
..............................................................
..............................................................
..............................................................
..............................................................
..............................................................
..............................................................
..............................................................
..............................................................
..............................................................
..............................................................
..............................................................
..............................................................
..............................................................

# MY TRIP TO:

DATE:
BUDGET:

# Contacts in case of emergency:

## AT HOME:

..............................................................
..............................................................
..............................................................
..............................................................
..............................................................
..............................................................
..............................................................
..............................................................

## AT MY DESTINATION PLACE ( EMBASSY, MEDICAL CENTER etc.):

..............................................................
..............................................................
..............................................................
..............................................................
..............................................................
..............................................................
..............................................................
..............................................................
..............................................................

# To do:

## TO BUY BEFORE I GO:

..................................................
..................................................
..................................................
..................................................
..................................................
..................................................
..................................................
..................................................
..................................................

## TO DO BEFORE I GO:

..................................................
..................................................
..................................................
..................................................
..................................................
..................................................
..................................................
..................................................

# *Packing checklist:*

- ❏ PASSPORT
- ❏ WALLET
- ❏ CREDIT CARDS
- ❏ CASH
- ❏ KEYS
- ❏ MEDICINES
- ❏ CHARGERS
- ❏ LAPTOP/TABLET
- ❏ CELL PHONE
- ❏ TICKETS
- ❏ CAMERA
- ❏ OTHER DOCUMENTS/RECIPES:..............
  ............................................................
  ............................................................
  ..........................................................
- ❏ OTHER................................................
  ............................................................
  ............................................................
  ............................................................
  ............................................................

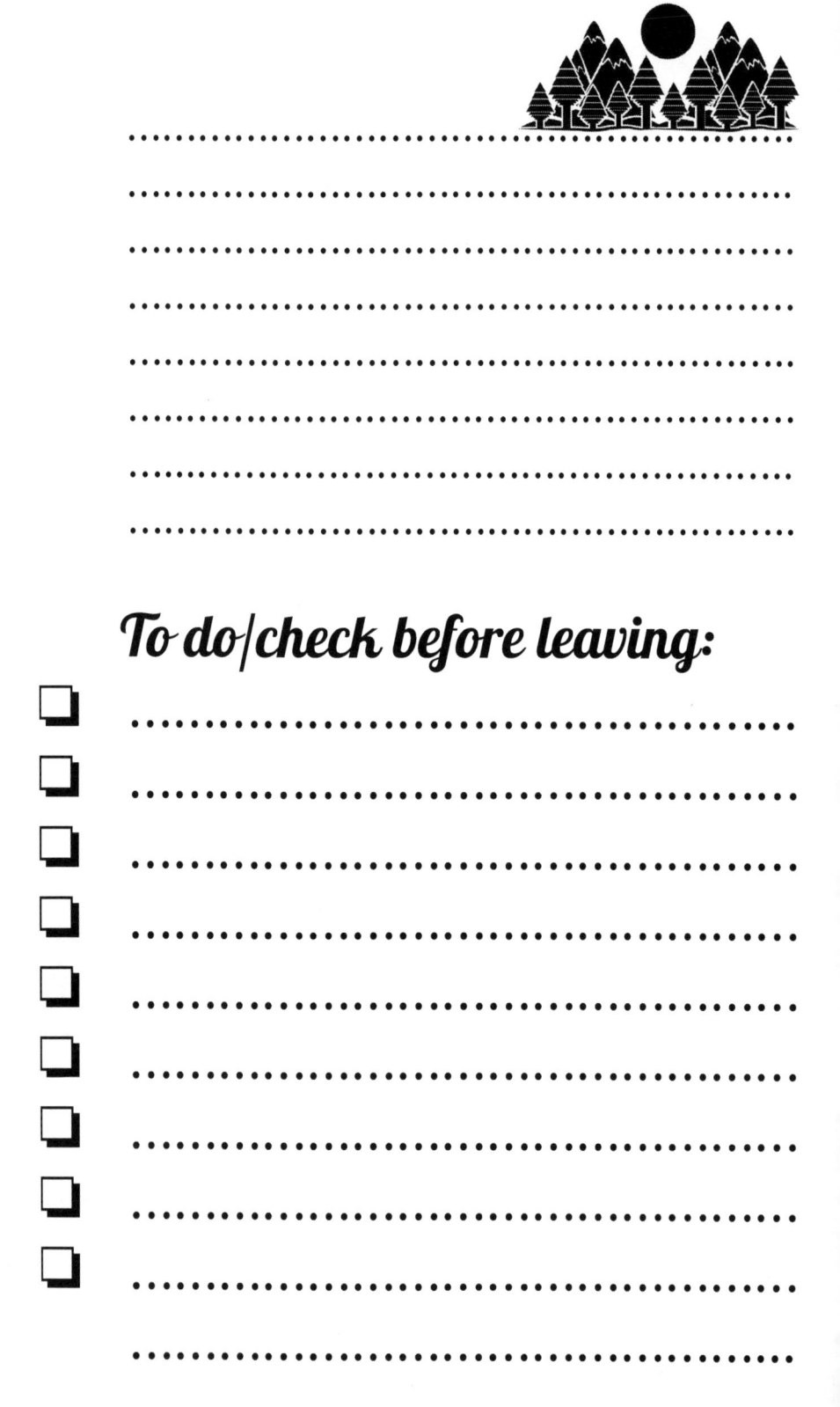

..................................................
..................................................
..................................................
..................................................
..................................................
..................................................
..................................................
..................................................

## To do/check before leaving:

- [ ] ..................................................
- [ ] ..................................................
- [ ] ..................................................
- [ ] ..................................................
- [ ] ..................................................
- [ ] ..................................................
- [ ] ..................................................
- [ ] ..................................................
- [ ] ..................................................
..................................................

# Info about the place I'm going to visit:

ACCOMODATION:..................................
..................................................................
..................................................................

COSTS:............................................
FOR KIDS:........................................
..................................................................
..................................................................

DISCOUNTS (IF ANY):......................
..................................................................

OTHER ACCOMMODATIONS
(JUST IN CASE):................................
..................................................................
..................................................................
..................................................................
..................................................................
..................................................................
..................................................................
..................................................................
..................................................................

## THINGS TO SEE:

- ☐ ..................................................................
- ☐ ..................................................................
- ☐ ..................................................................
- ☐ ..................................................................
- ☐ ..................................................................
- ☐ ..................................................................
- ☐ ..................................................................
- ☐ ..................................................................
- ☐ ..................................................................
- ☐ ..................................................................
- ☐ ..................................................................
- ☐ ..................................................................
- ☐ ..................................................................
- ☐ ..................................................................
- ☐ ..................................................................
- ☐ ..................................................................
- ☐ ..................................................................
- ☐ ..................................................................
- ☐ ..................................................................
- ☐ ..................................................................
- ☐ ..................................................................

# THINGS TO DO:

..........................................
..........................................................
..........................................................
..........................................................
..........................................................
..........................................................
..........................................................
..........................................................
..........................................................
..........................................................
..........................................................
..........................................................
..........................................................
..........................................................
..........................................................
..........................................................
..........................................................
..........................................................
..........................................................
..........................................................
..........................................................
..........................................................
..........................................................
..........................................................
..........................................................

# THINGS TO DO:

..............................................................
..............................................................
..............................................................
..............................................................
..............................................................
..............................................................
..............................................................
..............................................................
..............................................................
..............................................................
..............................................................
..............................................................
..............................................................
..............................................................
..............................................................
..............................................................
..............................................................
..............................................................
..............................................................
..............................................................
..............................................................

# COST TRACKING:

..........................................................
..........................................................
..........................................................
................................................................................
................................................................................
................................................................................
................................................................................
................................................................................
................................................................................
................................................................................
................................................................................
................................................................................
................................................................................
................................................................................
................................................................................
................................................................................
................................................................................
................................................................................
................................................................................
................................................................................
................................................................................
................................................................................

## COST TRACKING:

..............................................................
..............................................................
..............................................................
..............................................................
..............................................................
..............................................................
..............................................................
..............................................................
..............................................................
..............................................................
..............................................................
..............................................................
..............................................................
..............................................................
..............................................................
..............................................................
..............................................................
..............................................................
..............................................................
..............................................................
..............................................................

# COST TRACKING:

..................................................................
..................................................................
..................................................................
..................................................................
..................................................................
..................................................................
..................................................................
..................................................................
..................................................................
..................................................................
..................................................................
..................................................................
..................................................................
..................................................................
..................................................................
..................................................................
..................................................................
..................................................................
..................................................................
..................................................................
..................................................................
..................................................................
..................................................................
..................................................................

# NOTES:

..................................................
..................................................
..................................................
..................................................
..................................................
..................................................
..................................................
..................................................
..................................................
..................................................
..................................................
..................................................
..................................................
..................................................
..................................................
..................................................
..................................................
..................................................
..................................................
..................................................
..................................................
..................................................

# NOTES:

..............................................................
..............................................................
..............................................................
..............................................................
..............................................................
..............................................................
..............................................................
..............................................................
..............................................................
..............................................................
..............................................................
..............................................................
..............................................................
..............................................................
..............................................................
..............................................................
..............................................................
..............................................................
..............................................................
..............................................................
..............................................................
..............................................................
..............................................................
..............................................................
..............................................................

# NOTES:

..................................................
..................................................
..................................................
..................................................
..................................................
..................................................
..................................................
..................................................
..................................................
..................................................
..................................................
..................................................
..................................................
..................................................
..................................................
..................................................
..................................................
..................................................
..................................................
..................................................
..................................................
..................................................

# MY TRIP TO:

_____

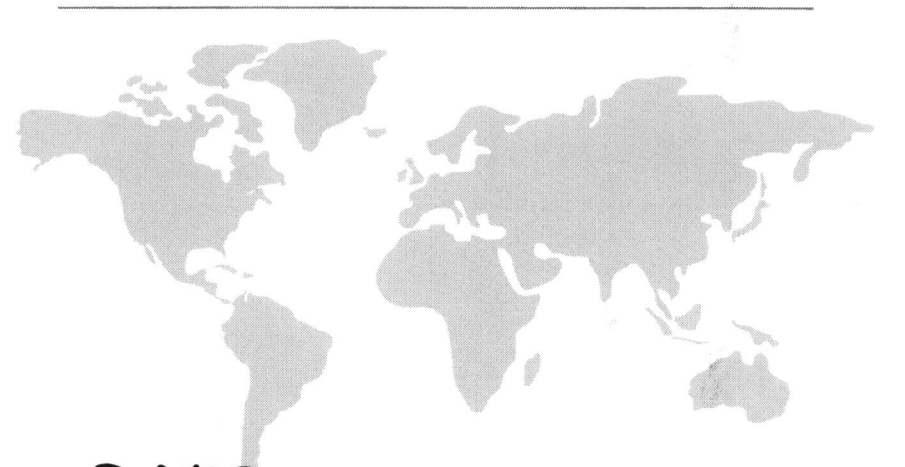

DATE:
BUDGET:

# Contacts in case of emergency:

## AT HOME:

..................................................
..................................................
..................................................
..................................................
..................................................
..................................................
..................................................
..................................................

## AT MY DESTINATION PLACE ( EMBASSY, MEDICAL CENTER etc.):

..................................................
..................................................
..................................................
..................................................
..................................................
..................................................
..................................................
..................................................

# *To do:*

## TO BUY BEFORE I GO:

..................................................................
..................................................................
..................................................................
..................................................................
..................................................................
..................................................................
..................................................................
..................................................................

## TO DO BEFORE I GO:

..................................................................
..................................................................
..................................................................
..................................................................
..................................................................
..................................................................
..................................................................
..................................................................

# *Packing checklist:*

- ❏ PASSPORT
- ❏ WALLET
- ❏ CREDIT CARDS
- ❏ CASH
- ❏ KEYS
- ❏ MEDICINES
- ❏ CHARGERS
- ❏ LAPTOP/TABLET
- ❏ CELL PHONE
- ❏ TICKETS
- ❏ CAMERA
- ❏ OTHER DOCUMENTS/RECIPES:..............
..................................................................
..................................................................
...........................................
- ❏ OTHER..........................................
..................................................................
..................................................................
..................................................................
...........................................

## To do/check before leaving:

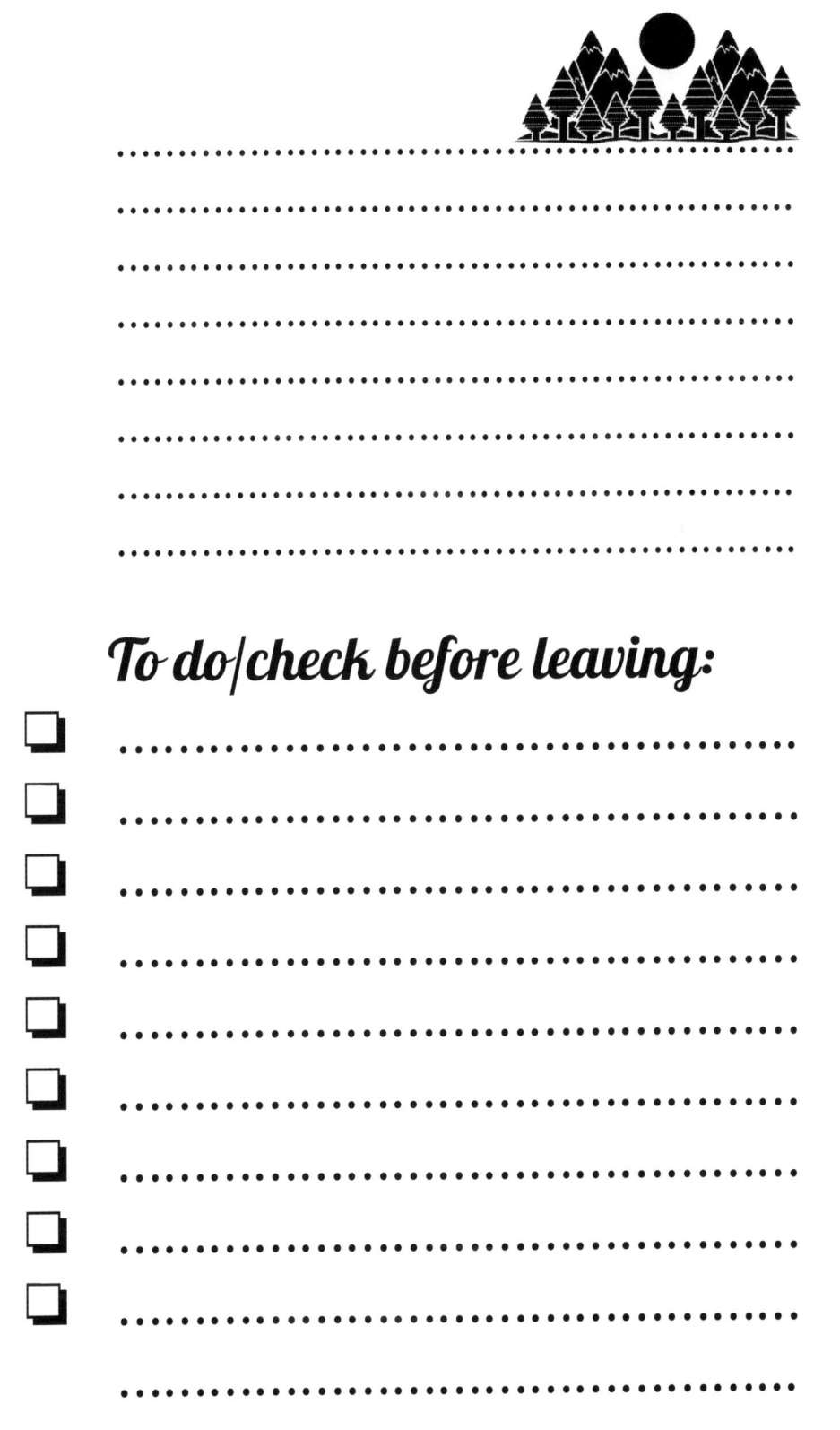

- ☐ ............................................
- ☐ ............................................
- ☐ ............................................
- ☐ ............................................
- ☐ ............................................
- ☐ ............................................
- ☐ ............................................
- ☐ ............................................
- ☐ ............................................

# Info about the place I'm going to visit:

ACCOMODATION:..................................
........................................................
........................................................
COSTS:.................................................
FOR KIDS:............................................
........................................................
........................................................
DISCOUNTS (IF ANY):........................
........................................................
OTHER ACCOMMODATIONS
(JUST IN CASE):..................................
........................................................
........................................................
........................................................
........................................................
........................................................
........................................................
........................................................
........................................................

# THINGS TO SEE:

- ☐ ..............................................................................
- ☐ ..............................................................................
- ☐ ..............................................................................
- ☐ ..............................................................................
- ☐ ..............................................................................
- ☐ ..............................................................................
- ☐ ..............................................................................
- ☐ ..............................................................................
- ☐ ..............................................................................
- ☐ ..............................................................................
- ☐ ..............................................................................
- ☐ ..............................................................................
- ☐ ..............................................................................
- ☐ ..............................................................................
- ☐ ..............................................................................
- ☐ ..............................................................................
- ☐ ..............................................................................
- ☐ ..............................................................................
- ☐ ..............................................................................
- ☐ ..............................................................................
- ☐ ..............................................................................
- ☐ ..............................................................................

# THINGS TO DO:

..................................................
..................................................................
..................................................................
..................................................................
..................................................................
..................................................................
..................................................................
..................................................................
..................................................................
..................................................................
..................................................................
..................................................................
..................................................................
..................................................................
..................................................................
..................................................................
..................................................................
..................................................................
..................................................................
..................................................................
..................................................................

# THINGS TO DO:

..............................................................
..............................................................
..............................................................
..............................................................
..............................................................
..............................................................
..............................................................
..............................................................
..............................................................
..............................................................
..............................................................
..............................................................
..............................................................
..............................................................
..............................................................
..............................................................
..............................................................
..............................................................
..............................................................
..............................................................

# COST TRACKING:

# COST TRACKING:

..................................................................
..................................................................
..................................................................
..................................................................
..................................................................
..................................................................
..................................................................
..................................................................
..................................................................
..................................................................
..................................................................
..................................................................
..................................................................
..................................................................
..................................................................
..................................................................
..................................................................
..................................................................
..................................................................
..................................................................
..................................................................
..................................................................

## COST TRACKING:

..................................................
..................................................
..................................................
..................................................
..................................................
..................................................
..................................................
..................................................
..................................................
..................................................
..................................................
..................................................
..................................................
..................................................
..................................................
..................................................
..................................................
..................................................
..................................................
..................................................
..................................................
..................................................
..................................................

NOTES:

..............................................................
..............................................................
..............................................................
..............................................................
..............................................................
..............................................................
..............................................................
..............................................................
..............................................................
..............................................................
..............................................................
..............................................................
..............................................................
..............................................................
..............................................................
..............................................................
..............................................................
..............................................................
..............................................................
..............................................................
..............................................................
..............................................................
..............................................................

# NOTES:

..................................................
..................................................
..................................................
..................................................
..................................................
..................................................
..................................................
..................................................
..................................................
..................................................
..................................................
..................................................
..................................................
..................................................
..................................................
..................................................
..................................................
..................................................
..................................................
..................................................
..................................................
..................................................

# NOTES:

# MY TRIP TO:

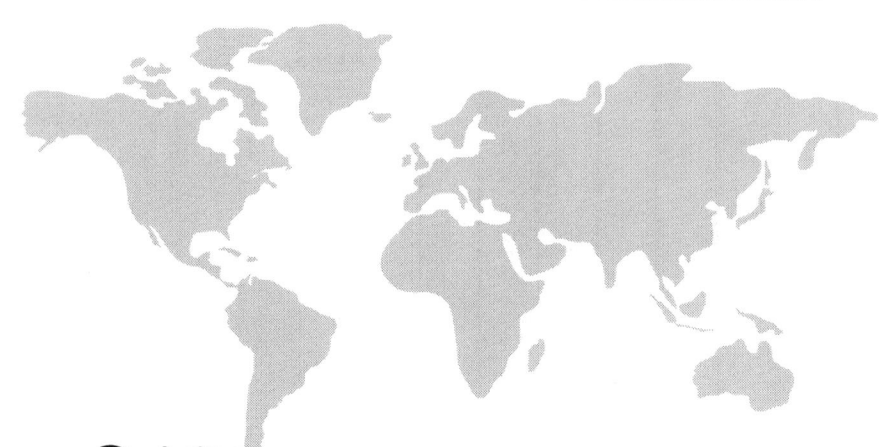

DATE:
BUDGET:

# Contacts in case of emergency:

## AT HOME:

..............................................................
..............................................................
..............................................................
..............................................................
..............................................................
..............................................................
..............................................................
..............................................................

## AT MY DESTINATION PLACE ( EMBASSY, MEDICAL CENTER etc.):

..............................................................
..............................................................
..............................................................
..............................................................
..............................................................
..............................................................
..............................................................
..............................................................

# *To do:*

## TO BUY BEFORE I GO:

..................................................
..................................................
..................................................
..................................................
..................................................
..................................................
..................................................
..................................................

## TO DO BEFORE I GO:

..................................................
..................................................
..................................................
..................................................
..................................................
..................................................
..................................................
..................................................

# Packing checklist:

- ❏ PASSPORT
- ❏ WALLET
- ❏ CREDIT CARDS
- ❏ CASH
- ❏ KEYS
- ❏ MEDICINES
- ❏ CHARGERS
- ❏ LAPTOP/TABLET
- ❏ CELL PHONE
- ❏ TICKETS
- ❏ CAMERA
- ❏ OTHER DOCUMENTS/RECIPES:..............
..................................................................
..................................................................
............................................................
- ❏ OTHER..........................................................
..................................................................
..................................................................
..................................................................
..................................................................

## To do/check before leaving:

- [ ] 
- [ ] 
- [ ] 
- [ ] 
- [ ] 
- [ ] 
- [ ] 
- [ ] 
- [ ]

# Info about the place I'm going to visit:

ACCOMODATION:..................................
..................................................................
..................................................................

COSTS:...............................................
FOR KIDS:..........................................
..................................................................
..................................................................

DISCOUNTS (IF ANY):........................

OTHER ACCOMMODATIONS
(JUST IN CASE):.................................
..................................................................
..................................................................
..................................................................
..................................................................
..................................................................
..................................................................
..................................................................
..................................................................

# THINGS TO SEE:

- ☐ ......................................................
- ☐ ......................................................
- ☐ ......................................................
- ☐ ......................................................
- ☐ ......................................................
- ☐ ......................................................
- ☐ ......................................................
- ☐ ......................................................
- ☐ ......................................................
- ☐ ......................................................
- ☐ ......................................................
- ☐ ......................................................
- ☐ ......................................................
- ☐ ......................................................
- ☐ ......................................................
- ☐ ......................................................
- ☐ ......................................................
- ☐ ......................................................
- ☐ ......................................................
- ☐ ......................................................
- ☐ ......................................................
- ☐ ......................................................

# THINGS TO DO:

# THINGS TO DO:

# COST TRACKING:

# COST TRACKING:

..................................................................
..................................................................
..................................................................
..................................................................
..................................................................
..................................................................
..................................................................
..................................................................
..................................................................
..................................................................
..................................................................
..................................................................
..................................................................
..................................................................
..................................................................
..................................................................
..................................................................
..................................................................
..................................................................
..................................................................

# COST TRACKING:

# NOTES:

..........................................................
..........................................................
..........................................................
..........................................................
..........................................................
..........................................................
..........................................................
..........................................................
..........................................................
..........................................................
..........................................................
..........................................................
..........................................................
..........................................................
..........................................................
..........................................................
..........................................................
..........................................................
..........................................................
..........................................................
..........................................................
..........................................................

# NOTES:

# NOTES:

..................................................
..................................................
..................................................
..................................................
..................................................
..................................................
..................................................
..................................................
..................................................
..................................................
..................................................
..................................................
..................................................
..................................................
..................................................
..................................................
..................................................
..................................................
..................................................
..................................................
..................................................
..................................................
..................................................

# MY TRIP TO:

_____

_____

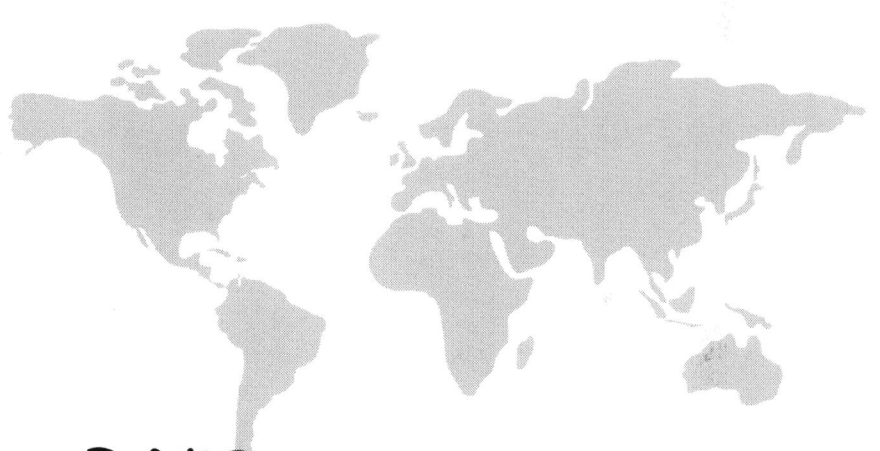

DATE:
BUDGET:

# Contacts in case of emergency:

## AT HOME:

..................................................................
..................................................................
..................................................................
..................................................................
..................................................................
..................................................................
..................................................................
..................................................................

## AT MY DESTINATION PLACE ( EMBASSY, MEDICAL CENTER etc.):

..................................................................
..................................................................
..................................................................
..................................................................
..................................................................
..................................................................
..................................................................
..................................................................
..................................................................

# To do:

## TO BUY BEFORE I GO:

..............................................................
..............................................................
..............................................................
..............................................................
..............................................................
..............................................................
..............................................................
..............................................................

## TO DO BEFORE I GO:

..............................................................
..............................................................
..............................................................
..............................................................
..............................................................
..............................................................
..............................................................
..............................................................

# *Packing checklist:*

- ❏ PASSPORT
- ❏ WALLET
- ❏ CREDIT CARDS
- ❏ CASH
- ❏ KEYS
- ❏ MEDICINES
- ❏ CHARGERS
- ❏ LAPTOP/TABLET
- ❏ CELL PHONE
- ❏ TICKETS
- ❏ CAMERA
- ❏ OTHER DOCUMENTS/RECIPES:..............
  ...........................................................................
  ...........................................................................
  ...............................................
- ❏ OTHER................................................
  ...........................................................................
  ...........................................................................
  ...........................................................................
  ...........................................................................

## To do/check before leaving:

- ☐ 
- ☐ 
- ☐ 
- ☐ 
- ☐ 
- ☐ 
- ☐ 
- ☐ 
- ☐

# Info about the place I'm going to visit:

ACCOMODATION:..................................
................................................................
................................................................

COSTS:..........................................................
FOR KIDS:....................................................
................................................................
................................................................

DISCOUNTS (IF ANY):..............................
................................................................

OTHER ACCOMMODATIONS
(JUST IN CASE):........................................
................................................................
................................................................
................................................................
................................................................
................................................................
................................................................
................................................................
................................................................

# THINGS TO SEE:

- ☐ ........................................................
- ☐ ........................................................
- ☐ ........................................................
- ☐ ........................................................
- ☐ ........................................................
- ☐ ........................................................
- ☐ ........................................................
- ☐ ........................................................
- ☐ ........................................................
- ☐ ........................................................
- ☐ ........................................................
- ☐ ........................................................
- ☐ ........................................................
- ☐ ........................................................
- ☐ ........................................................
- ☐ ........................................................
- ☐ ........................................................
- ☐ ........................................................
- ☐ ........................................................
- ☐ ........................................................
- ☐ ........................................................
- ☐ ........................................................
- ☐ ........................................................
- ☐ ........................................................

# THINGS TO DO:

# THINGS TO DO:

# COST TRACKING:

# COST TRACKING:

..............................................................................
..............................................................................
..............................................................................
..............................................................................
..............................................................................
..............................................................................
..............................................................................
..............................................................................
..............................................................................
..............................................................................
..............................................................................
..............................................................................
..............................................................................
..............................................................................
..............................................................................
..............................................................................
..............................................................................
..............................................................................
..............................................................................
..............................................................................
..............................................................................
..............................................................................

# COST TRACKING:

..................................................................
..................................................................
..................................................................
..................................................................
..................................................................
..................................................................
..................................................................
..................................................................
..................................................................
..................................................................
..................................................................
..................................................................
..................................................................
..................................................................
..................................................................
..................................................................
..................................................................
..................................................................
..................................................................
..................................................................

# NOTES:

..................................................
..................................................
..................................................
..................................................
..................................................
..................................................
..................................................
..................................................
..................................................
..................................................
..................................................
..................................................
..................................................
..................................................
..................................................
..................................................
..................................................
..................................................
..................................................
..................................................
..................................................
..................................................
..................................................
..................................................
..................................................
..................................................
..................................................
..................................................

# NOTES:

..............................................................
..............................................................
..............................................................
..............................................................
..............................................................
..............................................................
..............................................................
..............................................................
..............................................................
..............................................................
..............................................................
..............................................................
..............................................................
..............................................................
..............................................................
..............................................................
..............................................................
..............................................................
..............................................................
..............................................................
..............................................................
..............................................................
..............................................................
..............................................................

Made in the USA
Columbia, SC
14 April 2025